少林武术精粹系列丛书

少林拳（二）

德虔　德炎　编著

北京体育大学出版社

责任编辑：任　侠
责任校对：郝　彤
版式设计：李　鹤

图书在版编目（CIP）数据

少林拳. 二 / 德虔, 德炎编著. -- 北京 : 北京体育大学出版社, 2022.1
（少林武术精粹系列丛书）
ISBN 978-7-5644-3564-6

Ⅰ. ①少… Ⅱ. ①德… ②德… Ⅲ. ①少林拳－套路(武术) Ⅳ. ①G852.15

中国版本图书馆CIP数据核字(2022)第007622号

少林拳（二）
SHAOLINQUAN(ER)
德虔　德炎　编著

出版发行：北京体育大学出版社
地　　址：北京海淀区农大南路1号院2号楼2层办公B-212
邮　　编：100084
网　　址：http://cbs.bsu.edu.cn
发 行 部：010-62989320
邮 购 部：北京体育大学出版社读者服务部 010-62989432
印　　刷：北京昌联印刷有限公司
开　　本：880mm × 1230mm　1/32
成品尺寸：148mm × 210mm
印　　张：1.5
字　　数：30千字
版　　次：2022年1月第1版
印　　次：2022年1月第1次印刷
定　　价：10.00元

（本书如有印装质量问题，请与出版社联系调换）

前　言

/武术作为中国的国粹，是中华民族传统文化的组成部分。家喻户晓的少林武术便是其中极具代表性的门类，是中国武术的重要象征。

我社与少林武术结缘已久，伴随着时光的流逝，有多种内容、多样组合、各种形式的载有少林武术的出版物，源源不断地从我社注入市场，为方兴未艾的少林武术热潮平添了更高的热度。可以说，少林武术图书一直与我社相伴相随，成为我社具有长期出版价值的图书门类。其中，少林武术图书的编纂者——已故的王长青（法号释德虔）先生功不可没。他经年累月锲而不舍，寻于寺院、觅于乡间，挖掘出大量尘封的少林武术资料，继而分门别类梳理、整饬成一册册书稿，并与我社携手努力，打造出独树一帜的武术图书板块，为我社的武术图书出版打开了新局面。

今天，在着力弘扬中华优秀传统文化，树立和增强文化自信的大背景下，我社将以往出版的少林武术书籍重新进行了编排，以全新的面貌推出“少林武术精粹系列丛书”，这是我社多年来少林武术出版情结的延续，是对积累和沉淀的少林武术资源的再一次整合与展示，更紧密契合了时代的要求。

通过这套书，读者可以研习刚柔相济、闪转腾挪的少林功夫，可以感悟其中凝结的中华智慧，可以领略武术文化的博大精深……这便是我社对这套书出版价值的期待。

目　录

少林一路大洪拳 ……………………………………………… 1

少林二路大洪拳 ……………………………………………… 27

少林一路大洪拳

动作名称

预备势
1.白云盖顶
2.箭步单叉
3.盘　肘
4.双恨脚双云顶
5.大七星
6.大单鞭
7.怀中抱月
8.三冲炮
9.大束身
10.双砸捶
11.绝　手
12.双云顶
13.七　星
14.单　鞭
15.怀中抱月
16.上步扳手
17.三抢手
18.回头望月
19.三扒手
20.小虎抱头
21.提手炮
22.箭步单叉
23.盘　肘
24.迎面沙
25.双绝手
26.右左盘肘
27.提手炮
28.两抢手
29.十字采脚
30.二起脚
31.金刚捣臼
32.提手炮
33.金鸡独立
34.三摇手
35.鹞子翻身
36.海底捞月
37.三抢手
38.单　叉
39.鹞子钻林
40.踢　腿
41.摆　脚
42.绝　手
43.双云顶
44.大虎抱头
45.提手炮
46.箭步单叉
47.二起脚
48.坐　山
收　势

动作图解

预备势

两脚并拢，挺胸立正。两手握拳抱于腰间。目视前方。（图1）

1.白云盖顶

左脚左跨半步。左拳变掌，经左侧向前上方画弧，架于头前上方，掌心向前，掌指向右。右手握拳仍抱于腰间。目视前方。（图2）

2.箭步单叉

右脚左跨一步，左腿伸，成左仆步。左掌随势经外侧绕弧掠下，砸击左脚面，掌心向里。右拳抱于腰间。目视左前方。（图3）

图 1

图 2

图 3

3.盘　肘

起身，左腿屈膝，右腿蹬直成左弓步。右拳由内向外向上画弧置于胸前屈肘，拳心向下，肘尖向前。左掌变拳由内向外向上画弧后架于头前上方，拳心向前。左拳与右肘尖，左膝盖成一条直线。

目视前方。（图4）

4.双恨脚双云顶

向右转体90度。左脚向右横上一步，右脚与左脚成并步，震脚（响亮）。两拳变掌由上向下画弧，抱于腰间。目视前方。（图5）

图 4

图 5

5.大七星

右脚向右一步，向右转体90度，略前移，左脚随之与右脚并靠，脚尖点地成左丁步。同时两掌变拳，向前冲出，左拳置于右肘内侧，拳心向下。两腿微蹲。目视前方。（图6）

6.大单鞭

左脚后移一步，向左转体90度成左弓步。两拳经胸前由内向两侧击出，高与肩平，两拳心向下。目视左前方。（图7）

图 6

图 7

7.怀中抱月

两拳由下向胸前画弧环抱，形如圆月，左拳在下，两拳心向里。目视前方。（图8）

8.三冲炮

右脚向前一步，与左脚成并步，震脚。同时右拳经前由下向前上方屈肘冲拳，拳心向里。左拳向右横冲，置于右肘下侧。目视右拳。（图9）

接着退左脚，成右弓步，顺势上冲左拳。目视左拳。（图10）

接着再退右脚，成左弓步，上冲右拳。目视右拳。（图11）

图 8

图 9

图 10

图 11

9.大束身

左脚收于右脚内侧，向右转体90度，成左虚步。左拳由下经前向内画弧后直臂落于左腿外侧，拳心向后。右臂屈肘夹肋上冲拳，拳高至右耳外侧，拳心向里。目视左前方。（图12）

10.双砸捶

左脚左跨一步，向左转体90度，成左弓步。左拳经下向后画弧

朝前下方砸击，拳眼向上。右拳抱于腰间。目视左拳。（图13）

接着右脚前上一步，成右弓步。出右拳经上画弧向前下方砸击，拳心向左，左拳抱于腰间。目视右拳。（图14）

11.绝　手

左脚前上一步，成左弓步。两拳同时由后画弧向前下方冲击，拳心向下，左拳置于右肘内侧。目视前方。（图15）

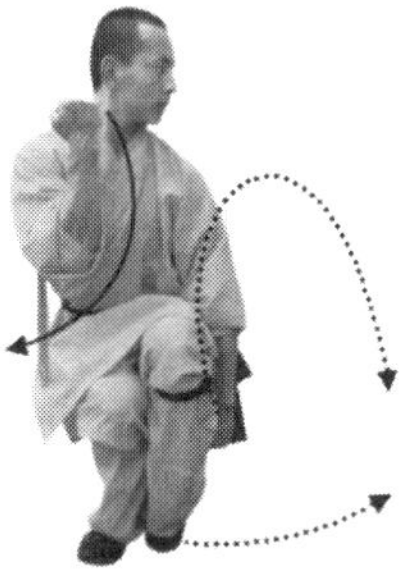

图 12

图 13

图 14

图 15

12.双云顶

向右转体180度，两拳变掌由左下方同时向右上方绕头顶画弧。右脚随势横上步成叉步。目视前方。（图16）

13.七　星

右脚后腿一步，屈膝下蹲成左丁步。两掌变拳，同时向前击出，高与肩平，拳心向下，左拳置于右肘内侧。目视前方。（图17）

图 16

图 17

14.单　鞭

左脚向左横开一步，向左转体90度，左腿屈膝成左弓步。两拳回胸前内旋抖腕后向两侧击出，高与肩平，拳心向下。目视左侧。（图18）

图 18

15.怀中抱月

左脚落于右脚内侧，脚尖点地成虚步。两拳经胸前向内环弧后，屈肘环抱，形如抱月。左拳在上，右拳在下，两拳心向下。目视前方。（图19）

16.上步扳手

左脚前跨一步，成左弓步。左拳变掌从右腋下掏出，向前成正立掌拨击，掌心向里，掌指向上。右拳抱于腰间。目视左掌。（图20）

17.三抢手

右脚略收再前上一步成右弓步，向右转体180度。右拳变掌，两掌随势同时向前平掌抢出，掌心斜向上，掌指斜向前，左掌指置于右肘际。目视右掌。（图21）

图 19

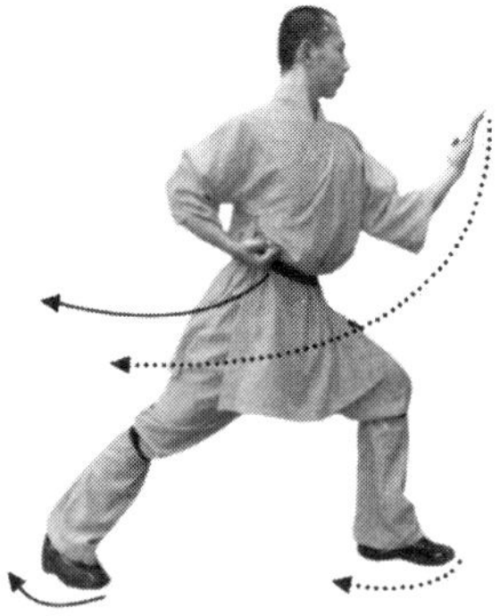

图 20

图 21

左脚前上一步成左弓步，抢左手，右掌略收。（图22）

右脚前上一步成右弓步，抢右手。目视右掌。（图23）

18.回头望月

左脚前上一步与右脚成并步，震右脚，同时两掌收至胸前拍击。（图24）

左脚前上一步，向右转体90度，右腿屈膝，左腿蹬直成右弓步。右掌向右上方画弧后架于头前上方，掌心向前。左掌由下向上画弧一圈后直臂下穿，落于左腿外侧，掌心斜向后。上体右探，目视左前方。（图25）

图 22

图 23

图 24

图 25

19.三扒手

左脚向右脚后横跨一步成叉步，向右转体90度。两手由左向右拨，目视右前方。（图26）

20.小虎抱头

左脚左移一大步，向左转体90度成左弓步，两掌变拳由右向左摆击，左拳在上，右拳在下，两拳眼相对。目视前方。（图27）

图 26

图 27

21.提手炮

右脚前上半步，向左转体90度，与左脚成并步，震右脚。左拳变掌向右与右拳在胸前相击。两腿微蹲。目视前方。（图28）

22.箭步单叉

右脚左跳一步，左腿随之向左伸直，右腿全蹲成左仆步。右拳抱于腰间，左掌变拳下垂护裆。目视左侧。（图29）

图 28

图 29

23.盘　肘

起身，左腿屈膝，向左转体90度，右腿蹬直成左弓步。右臂屈肘贴胸，左拳架于头前上方。左拳、右肘、左膝成一条直线。目视前方。（图30）

图 30

24.迎面沙

上体下沉，向右转体90度。两拳变掌，左掌顺势下抓，左掌掠前，目视前上方。（图31）

左脚略收再上一步，向右转体90度，右腿屈膝后抬。右掌由后向前上方甩出，左掌变拳抱于腰间，上身微前倾。目视前方。（图32）

图 31

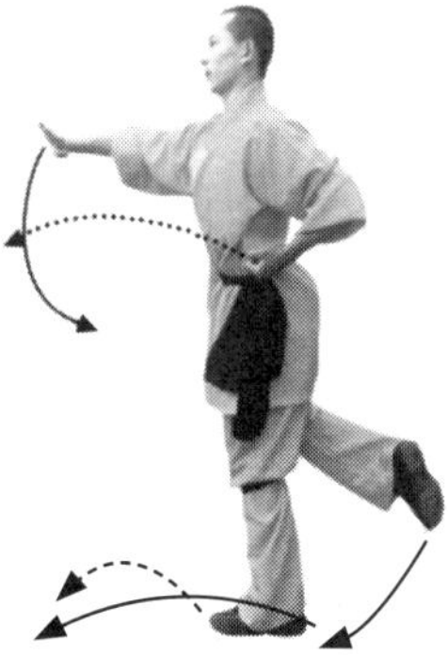

图 32

25.双绝手

右脚落地后，双脚前跳，左脚先落地成左弓步。右掌变拳，两拳半握由上向下砸击，拳心向下，右拳置于左腕外侧。（图33）

右脚前跳半步，左腿屈膝后抬。两拳由后经上向前砸去，左拳置于右腕内侧，两拳心向下。目视前方。（图34）

26.右左盘肘

左脚落地，向左转体180度，左腿屈膝，右腿蹬直成左弓步。左拳由内向外画弧后架于头前上方，拳心向前。右臂屈肘贴胸。（图35）

右脚前上一步成右弓步，右拳经前架于头前上方，左臂屈肘贴胸。目视前方。（图36）

图 33

图 34

图 35

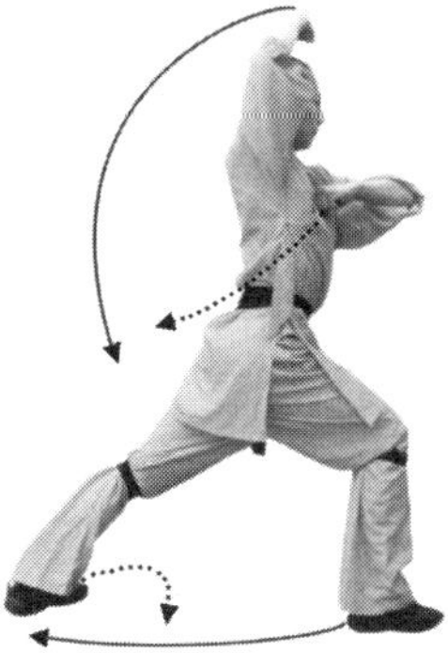

图 36

27.提手炮

右脚后退一步，向右转体90度，收右脚于左脚内侧成并步，震右脚。两拳收于胸前下方，拳心向上。两腿微蹲。目视前方。（图37）

28.两抢手

右脚前上一步，成右弓步，向右转体90度。两拳变掌，两掌随

势向前平直抢出，左掌置于右肘际，掌心斜向上，掌指斜向前。目视右掌。（图38）

上左脚，成左弓步。左掌顺势向前平抢，右掌略收，置于左肘内侧。目视左掌。（图39）

图 37

图 38

图 39

29.十字采脚

右腿向前上方弹踢，脚面绷直。左掌拍击右脚面，右手握拳抱于腰间。（图40）

抬左腿向前上方弹踢，脚面绷直。出右手拍击左脚面，左手握拳抱于腰间。目视右掌。（图41）

图 40

图 41

30.二起脚

左脚落地，双脚起跳。抬右腿向前上方弹踢，脚面绷直。当全身腾空时，右手向前拍击右脚面，左手握拳抱于腰间。目视右掌。（图42）

31.金刚捣臼

左脚落地，后移一步成马步，向左转体90度。左拳变掌由下向上画弧落于胸前下方，掌心向上。右掌变拳向外上方画弧后，向左下方捣击左掌。同时抬右脚，震脚。目视前方。（图43）

32.提手炮

左脚内收半步，起右脚与左脚成并步，震脚。左掌与右拳在胸前下方相击。目视前方。（图44）

图 42

图 43

图 44

33.金鸡独立

右脚向右横开一步，左腿提膝，脚尖向下。右拳由外上方画弧后架于头前上方，拳心向前。左掌变拳由下向外上方画弧后栽拳于左膝上，拳心向左。目视前方。（图45）

34.三摇手

左脚落地左移一步，向左转体90度，成左弓步。两拳向前下方画弧冲击，拳心向下，右拳置于左腕内侧下方。（图46）

图 45

图 46

左脚前上一步，向左转体成右弓步，再冲双拳（图47）；向右转体180度，成左弓步，再冲双拳。目视两拳（图48）。

图 47

图 48

35.鹞子翻身

抬右脚与左脚成并步，震右脚。左拳变掌与右拳于胸前相击。目视前方。（图49）

抬右脚左摆，向左转体360度。右拳变掌，两掌由下向右上方展翅画弧。翻身后左脚落于右脚前一步，成左弓步，左掌抱于腰间，右拳架于头侧上方。目视前方。（图50）

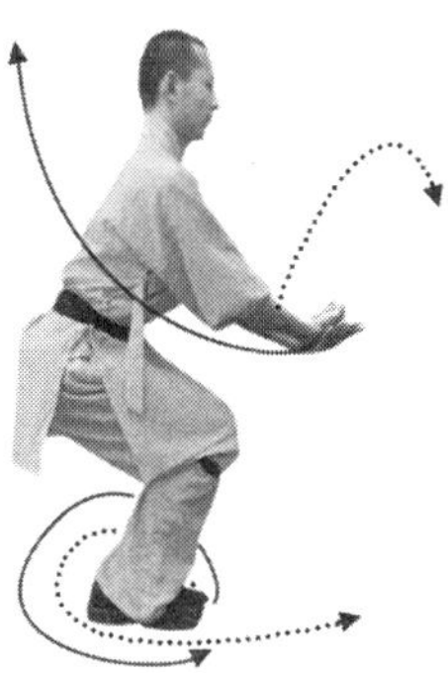

图 49

图 50

36.海底捞月

右脚前跳一步。伸右掌向前下方抓，形似捞月，左掌抱于腰间。目视前下方。（图51）

37.三抢手

两掌向前平直抢出，掌心斜向上，掌指斜向前，左掌置于右肘际。目视右掌。（图52）

图 51

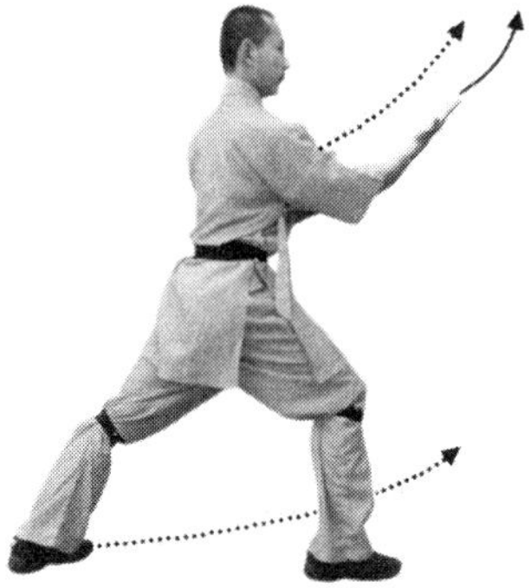

图 52

上左弓步，抢左掌。（图53）

上右弓步，抢右掌。目视右掌。（图54）

38.单　叉

右脚后退一步，向右转体90度。双脚起跳，成右仆步。右掌变拳，左掌在胸前下方与右拳相抱。目视右前方。（图55）

39.鹞子钻林

左掌推右拳，向右起身成右弓步，右臂扛起，肘尖前顶。上体

前探。目视右前方。（图56）

图 53

图 54

图 55

图 56

40.踢　腿

起身，左腿支撑，右腿向前上方弹踢。两拳抱于腰间。目视前方。（图57）

41.摆　脚

左脚落地，抬右腿向前上方弹踢，脚面绷直。两拳变掌，同时由前向外向内拍掠右脚面。目视两掌。（图58）

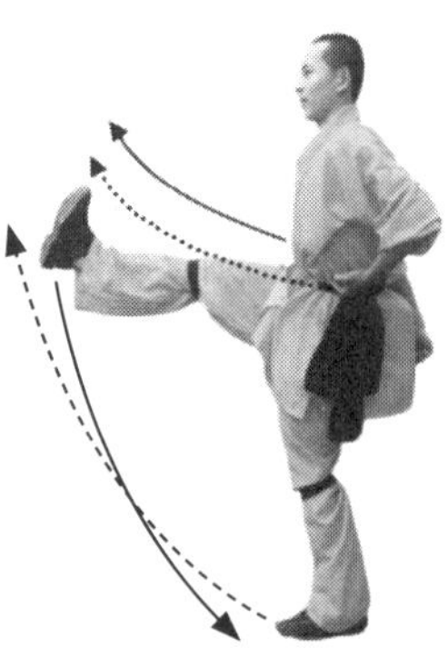

图 57

图 58

42.绝　手

右脚经外侧绕弧落于左脚后一步，向右转体180度，成左弓步。两掌变拳由胸两侧向前下方冲击，拳心向下。目视两拳。（图59）

43.双云顶

向右转体180度，成右弓步。两拳变掌，由左向右上方绕头画弧一圈，置于头上方，目视前方。（图60）

图 59

图 60

44.大虎抱头

右脚前跨一步，右腿屈膝成右弓步。两掌变拳，右拳由外向内画弧，微屈肘向前架于头前右侧，拳心向外。左臂屈肘，左拳置于胸右侧，拳心向里，两拳眼相对，上身向右略探。目视左侧。（图61）

45.提手炮

起身，收左脚与右脚成并步，震右脚。左拳变掌向右与右拳在胸前下方相击。两腿下蹲，目视右前方。（图62）

46.箭步单叉

双脚左跳成左仆步。左掌变拳经胸前下砸护裆，拳心向里，右拳抱于腰间。目视左侧。（图63）

图 61

图 62

图 63

47.二起脚

起身，右脚向前上一步，震脚。向左转体90度，左脚起跳，右腿向前上方弹踢，脚面绷直。当全身腾空时，右拳变掌拍击右脚面，左拳抱于腰间。目视右掌。（图64）

48.坐　山

右脚下落于左脚前，左脚向前上一步。双脚起跳，向右转体90度成马步。右掌变拳向外上方画弧后架于头前上方，拳心向前。左拳由外上方下砸于左膝上，拳心向后。目视前方。（图65）

图 64

图 65

收 势

收左脚与右脚并拢立正。两手握拳抱于腰间，身体挺直。目视前方。（图66）

图 66

少林二路大洪拳

动作名称

预备势

1.横　手

2.双砸捶

3.双绝手

4.双云顶

5.震脚抱拳

6.七　星

7.提手炮

8.仆步摺手（单叉）

9.抢手飞脚

10.五花坐山

11.两砸捶

12.架　打

13.二冲炮

14.双云顶

15.打虎势

16.提手炮

17.后扫腿

18.五花坐山

19.提手炮

20.摘心捶

21.上步抢手

22.怀中抱月

23.拉弓势

收　势

动作图解

预备势

立正起势，两脚开立，与肩同宽，双手握拳抱于腰间。目视前方。（图1）

1.横　手

起右脚，跳步提左膝，向左转体90度，两手顺势经前绕弧左掠，左手成掌，右手握拳前送。目视前方。（图2）

接着左脚落地成左弓步，双臂前推，右拳靠于左腕上。目视前方。（图3）（转身时提气，成左弓步时放气）

图 1

图 2

图 3

2.双砸捶

提左膝成独立势，左掌变拳抱于腰间（图4）；然后左脚上步成左弓步，砸右捶（图5）；接着提右膝收右拳，置于腹前（图6）；右脚前落成右弓步，同时左拳由前向左下砸。目视前方（图7）。

图 4

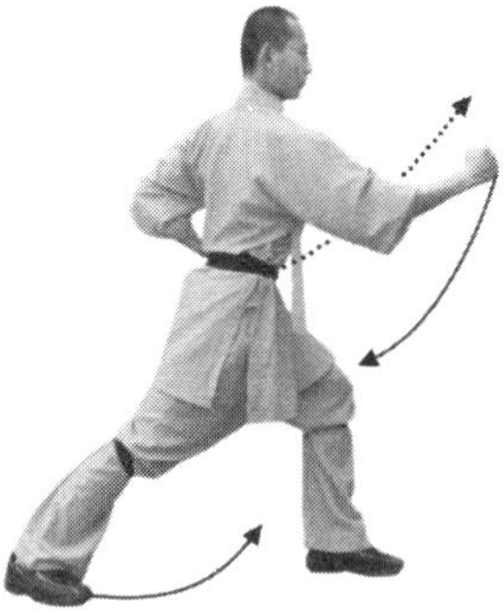

图 5

图 6

图 7

3.双绝手

左脚前上一步成左弓步，两拳变掌，由八字掌（阳掌变阴掌）变阴掌双绝，右手在前，左手在右手腕关节附近，两臂间近似圆。目视前方。（图8）

4.双云顶

向右转体90度，双手经右侧掠下，两手同云旋，然后架于头顶

上方，两掌心向上。目视前方。（图9）

图 8

图 9

5.震脚抱拳

双手云旋后经体侧下落，收抱于腰际，双震脚。目视前方。（图10）

6.七　星

右脚前上一步，左脚跟上，左脚脚尖点地成丁字步，同时两掌变拳由腰间向前打出，右拳在前，左拳在右手腕关节处。目视前方。（图11）

7.提手炮

左脚向左后摆上一步，向左转体180度，成左弓步。同时双拳向下横击。目视前下方。（图12）

图 10

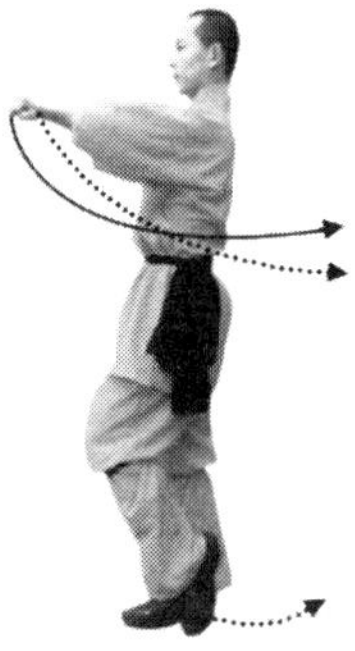

图 11

图 12

8.仆步搂手（单叉）

右脚先起，左脚前插，前跳成左仆步。右拳收抱于腰侧，左拳变掌经前向上绕弧再向前搂去。眼随左掌。（图13）

9.抢手飞脚

重心前移，屈左膝成左弓步。左掌经外绕弧略收再穿出成抢手。（图14）

接着左掌经前向内绕弧收回腰间，同时，右脚上步，右腿随之

向上弹踢，左脚上摆，完成二起脚，右掌向前抢出，眼随手转。目视前方。（图15）

图 13

图 14

图 15

10.五花坐山

右脚落地，震脚，左腿向后撩踢。左掌前冲，右掌向右下摆动。（图16）

接着左脚前上一步，向右转体90度成马步，两掌变拳，左拳上

穿护顶，右拳砸于右膝上，拳心向后。目视右方。（图17）

图 16

图 17

11.两砸捶

向右转体90度，成右弓步，右拳收于腰间。左拳经左前侧绕弧抱于腰间。目视前方。（图18）

图 18

接着左腿前摆，提膝成独立势，右拳由腰际向前撩出。目视前方。（图19）

左脚前落，向右转体90度，顺势跳步前伸，成左仆步，同时左拳向下砸出，右拳抱于腰间。目视左前方。（图20）

图 19

图 20

12.架　打

起身，重心左移成左弓步，左拳上架于头顶，拳心向前，右拳抱于腰间。目视前方。（图21）

13.二冲炮

左拳下格，右拳上冲。右脚前上半步，左膝上提。目视前方。（图22）

接着左脚落地，右膝上提，右拳下格，左拳上冲。目视前方。（图23）

14.双云顶

右脚向后落地。两拳变掌，右掌为阳（由前向后），左掌为阴（由后向前），云顶。眼随手转。（图24）

图 21

图 22

图 23

图 24

15.打虎势

右脚经体后右跨一步成右弓步。两掌变拳，右拳向右上架，拳心向右，左拳向右下打，拳心向里。向右转体180度，两目随手转。目视左方。（图25）

16.提手炮

左膝提起，右拳由上向下打，置于体侧，左拳向左前格，置于

裆前，向左转体45度，成独立势。（图26）

左脚向前落地，成左弓步。右拳变掌向前迎击左掌，掌心向下。目视前方。（图27）

图 25

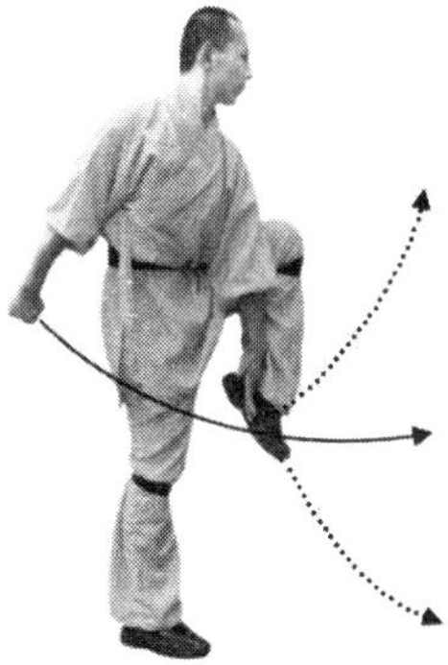

图 26

图 27

17.后扫腿

右脚前跨一步，向左转体90度，成左仆步，双手抱于腰间，左腿前扫360度还原。目视左前方。（图28）

18.五花坐山

起身，左脚后撩成独立势。左拳向左侧上方摆至头侧，拳心向前，右拳变掌向右外侧出手击左脚。（图29）

接着，左脚落地，成马步。左拳经下绕弧，停于头顶左上方，右掌变拳绕弧向右膝抡去，头随手摆。目视右前方。（图30）

图 28

图 29

图 30

19.提手炮

左拳变掌经体侧由上往下摆至裆前，右拳由右向左横击至裆

前，同时右脚向左收半步成立正姿势。目视前方。（图31、图32）

图 31　　图 32

20.摘心捶

右脚上步，向左转体90度，右拳由裆前收至腰间，然后发右勾拳向右上击，左掌抱于腰间。目视右前方。（图33）

图 33

21.上步抢手

左脚前上一步。左掌由腰际成阳抢手向前抢出。目视前方。（图34）

接着上右步提左膝，左掌由阳抢手收抱于腰间，右拳变阳抢手抡出。目视前方。（图35）

22.怀中抱月

两腿不动，仍成独立势。左手由八字掌出手后变拳，拳心向下，右手由阳变阴后拉。目视前方。（图36）

图 34

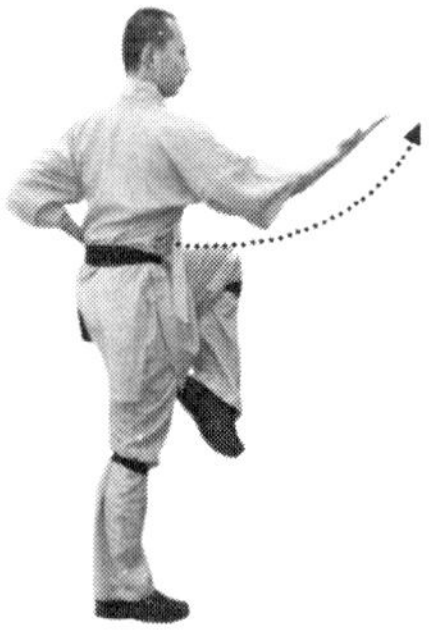

图 35

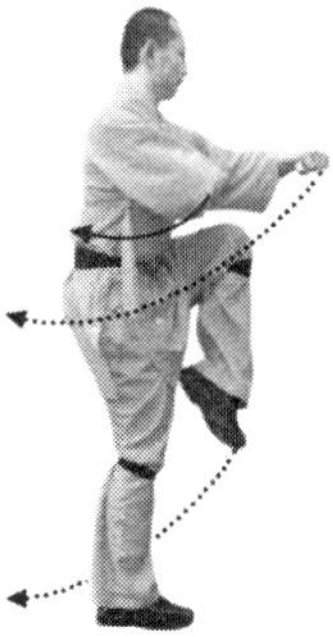

图 36

23.拉弓势

左脚着地，向右转体180度，左拳变掌向前上挑。右掌抱于腰间。（图37）

接着再上右步，向左转体90度，出右掌，掌心斜向上向前挑，左掌抱于腰间。（图38）

两脚原地不动，两掌变拳，右拳向后拉，左拳向左前方打，似拉弓一般。目视左前方。（图39）

收　势

右脚向左收半步，还原成立正姿势，两拳同时抱于腰间。目视前方。（图40）

图 37

图 38

图 39

图 40